FRANÇOIS

SCRIPTURAE SACRAE AFFECTUS

Lettre Apostolique à l'occasion du XVIème centenaire de la mort de Saint Jérôme

Introduction par le
Cardinal GIANFRANCO RAVASI

LIBRERIA
EDITRICE
VATICANA

ISBN 978-88-266-0511-1

www.vatican.va

www.libreriaeditricevaticana.com

INTRODUCTION

On était le 30 septembre 420 et à Bethléem, près de la grotte de la Nativité du Christ, le dalmate Jérôme terminait son existence terrestre, dont la trame avait été particulièrement variée et même tourmentée. A distance exacte de mille-six-cents ans de cette journée d'automne, le Pape François a voulu lui consacrer une Lettre apostolique importante et intense, qui constitue la substance de ce petit volume. Le titre, *Scripturae Sacrae affectus*, tiré de la liturgie de la mémoire du saint, constitue une synthèse extraordinaire de son expérience personnelle et de son œuvre, et même presque un étendard emblématique de celui qui est dans la mémoire de tous comme le traducteur par excellence de la Bible, à travers cette *Vulgate* qui a parcouru les siècles.

C'est précisément pour cela que sa figure a été un point de référence capital pour l'histoire de la culture occidentale et même pour l'art, et il est vraiment surprenant que le Pape lui-même ait voulu évoquer certains portraits « sapientiels » artistiques, à partir du « chef-d'œuvre » touchant du panneau de Jérôme pénitent dans le désert, que Léonard de Vinci exécuta vers 1482 et dont l'histoire eut des aspects romanesques. Les dernières heures vécues par le saint ont elles aussi été représentées sur l'imposant retable d'autel dans lequel le Dominiquin, entre 1611 et 1614, immortalisa la dernière *Communion de saint Jérôme*, une œuvre conservée comme l'autre dans la Pinacothèque vaticane. Dans une atmosphère hiératique, le célèbre « Lion de Bethléem », désormais affaibli, reçoit l'Eucharistie entouré de ses disciples et de la fidèle Paola, témoins des communautés monastiques qu'il avait fondées.

* * *

La Lettre apostolique est un vrai portrait historique et théologique de ce connaisseur passionné de la Parole de Dieu, elle est un guide pour parcourir sa vaste activité exégétique et spirituelle, elle est un appel à en suivre les traces « en aimant ce qu'il aima ». La clarté du style et de la structure du texte papal est telle qu'elle ne demande aucun commentaire, mais seulement une lecture attentive: chaque page est enrichie de citations très suggestives tirées des écrits de Jérôme. C'est pourquoi il est presque possible d'écouter sa voix, avec la multiplicité des intonations, des accents, des sentiments mêmes d'une personnalité aussi forte et aux traits typiques des prophètes bibliques, avec leur véhémence et leur passion.

La séquence complexe des événements biographiques distribués en particulier entre Rome et la Terre Sainte est reconstruite de manière soignée et pourtant vivante, à partir du tournant célèbre du carême de 375 que nous voulons nous aussi réévoquer. Assoupi à cause de la fièvre, une sorte de vision était apparue dans son esprit. Debout devant le Juge divin, « on me demande ma condition: "Je suis chrétien", ai-je répondu. Mais celui qui siégeait: "Tu mens", dit-il; "c'est cicéronien que tu es, non pas chrétien!" ». « Seigneur, disais-je, si jamais je possède des ouvrages profanes, ou si j'en lis, c'est comme si je te reniais! ». C'est ainsi que le saint racontait le grand tournant de sa vie dans une lettre, la 22 du catalogue traditionnel, adressée à la fidèle disciple Eustoche.

« Je devins alors – il le raconte dans une autre de ses lettres – le disciple d'un frère juif converti pour apprendre, après les subtilités de Quintilien, les fleuves d'éloquence de Cicéron, la gravité de Fronton et l'agrément de Pline, un nouvel alphabet et pour m'exercer à prononcer des sons stridents et aspirés. La fatigue que cela a représenté pour moi, les difficultés que j'ai rencontrées, le nombre de fois où j'ai arrêté et ensuite, par désir d'apprendre, j'ai à nouveau repris, ne peut être témoigné que par ma conscience, qui a supporté tout cela, mais aussi celle de ceux qui étaient mes compagnons de vie ». Ainsi commençait la grande aventure devenue célèbre sous le nom de *Vulgate*, c'est-à-dire l'élaboration d'une traduction « populaire » latine de la Bible.

Le Pape suit à partir de ce moment tout l'itinéraire, sous certains aspects fascinant et mouvementé, de l'expérience chrétienne de Jérôme qui a son cœur dans l'amour pour l'Ecriture Sainte affrontée dans sa double dimension de « lettre » et d'« esprit ». L'axe fondamental de son histoire humaine et spirituelle est dans son œuvre de traducteur, précisément incarnée dans la *Vulgate*, « le fruit le plus doux des semailles ardues » de ses études littéraires et historico-critiques. Le Pape François offre, à cet égard, non seulement une série de précieuses réflexions sur l'importance de cette opération dans ses caractéristiques de fond, mais également dans l'importance ecclésiale que celle-ci a enregistrée. Il en saisit surtout l'âme très originale qui est également à la racine de toute traduction qualifiée qui continue encore aujourd'hui à se révéler à travers les versions incessantes de la Bible dans les langues les plus différentes.

En effet, traduire est un acte d'inculturation et, à ce propos, en reprenant explicitement une réflexion significative développée par la pensée contemporaine (P. Ricoeur, L. Wittgenstein, G. Steiner) le Pape établit « une analogie entre la traduction en tant qu'acte d'hospitalité linguistique, et d'autres formes d'accueil. C'est pourquoi la traduction n'est pas un travail qui regarde uniquement le langage, mais qui correspond, en vérité, à une décision éthique plus ample qui se connecte à la vision entière de la vie. Sans traduction, les différentes communautés linguistiques seraient dans l'impossibilité de communiquer entre elles. Nous fermerions les uns aux autres les portes de l'histoire et nous nierions la possibilité de construire une culture de la rencontre. En effet, sans traduction, on ne donne pas hospitalité, au contraire, les pratiques d'hostilité se renforcent. Le traducteur est un constructeur de ponts. Que de jugements inconsidérés, que de condamnations et de conflits naissent du fait que nous ignorons la langue des autres et que nous ne nous appliquons pas, avec une espérance tenace, à cette preuve d'amour sans fin qu'est la traduction ! ».

* * *

Avec toutes les réserves critiques, souvent compréhensibles si l'on considère les diverses coordonnées chronologiques et culturelles et notre sensibilité philologique différente, la *Vulgate* a constitué non seulement un monument littéraire du latin tardif, mais elle a façonné la langue théologique de l'Occident chrétien. En vérité, le succès ne sourit à l'œuvre de Jérôme qu'environ deux siècles plus tard. Ce fut saint Grégoire le Grand, Pape de 590 à 605, qui utilisa la traduction de Jérôme pour ses écrits exégétiques et spirituels. Il fut suivi par son presque contemporain Isidore de Séville et Bède le Vénérable, mort en 735. Le fleuve des copies s'accrut de manière démesurée, entraînant avec lui des scories en tous genres, c'est-à-dire des erreurs de copie, des changements intentionnels, des variations marginales, des contaminations avec les autres versions latines antiques. On dut alors effectuer des révisions et des codifications qui donnèrent origine à de véritables typologies textuelles représentées par des familles de codex, regroupées de manière conventionnelles selon les aires géographiques.

C'est ainsi que naquit le modèle dit « italien », qui prit son nom du domaine primaire de diffusion de la *Vulgate* : il ne faut pas oublier que l'historien et théologien Cassiodore, au VIe siècle, fut avec saint Grégoire un artisan de l'adoption de la version de Jérôme pour la lecture et l'étude de la Bible à l'intérieur de son *Vivarium*, l'« université » qu'il avait fondée dans ses terres de Squillace en Calabre. Il y eut une typologie « gallicane » liée à Alcuin, chargé de cette opération par Charlemagne (VIIIe-IXe siècles) ; d'autres modèles apparurent en Espagne et en Irlande. Il n'est pas nécessaire pour notre objectif de tracer le profil de ce delta ramifié sur lequel déboucha le fleuve de la *Vulgate*, ni de décrire les révisions effectuées par divers personnages, comme par exemple saint Pier Damiani et Lanfranco de Pavie au XIe siècle. Le texte le plus diffusé qui poursuivra son chemin dans les siècles suivants jusqu'à la Renaissance, fut celui de celle qu'on appelle la *Biblia Parisiensis*, utilisée à l'université de Paris, mais cependant l'une des formes les moins parfaites de la longue vie de la *Vulgate*.

Ce ne fut que pendant le Concile de Trente, après qu'ait été affirmée « l'authenticité » de la *Vulgate* comme texte officiel de l'Eglise catholique (8 avril 1546) – sur la valeur spécifique de laquelle la Lettre apostolique offre une indication essentielle et ponctuelle –, que s'exprima le vote pour une « édition typique » plus rigoureuse. Le souhait des Pères conciliaires ne se réalisa que le 9 novembre 1592, après des épisodes tourmentés qui concernèrent bien cinq Papes (Pie IV, Pie V, Sixte V, Grégoire XIV, Clément

VIII). Fut alors publiée l'édition définitive, sous le titre de *Biblia Sacra Vulgatae editionis Sixti Quinti Pont. iussu recognita atque edita*. Dans l'édition de Lyon de 1604 s'ajouta également le nom de Clément VIII et, à partir de ce moment, on parla de « Bible sixto-clémentine ». Les révisions furent incessantes au cours des siècles suivants, jusqu'à la proposition particulière de la *Néovulgate* promulguée par saint Jean-Paul II en 1979 et citée explicitement dans la Lettre.

Le fait est que, malgré la différence des époques, la *Vulgate* exerce encore aujourd'hui une fascination littéraire qui ne fait aucun doute, également en raison de son utilisation dans l'histoire de l'art et de la musique. En outre, comme nous le disions, celle-ci a conditionné d'une certaine manière la pensée et le vocabulaire théologique. Or, le spécialiste français Georges Mounin ironisait en définissant chaque bonne traduction comme une *belle infidèle*, belle, oui, mais avec un degré d'infidélité par rapport à la matrice originelle, surtout quand il s'agit de systèmes linguistiques et culturels différents. Il procédait dans le sillage du grand Cervantes, l'auteur de *Don Quichotte*, convaincu que chaque version était comme le revers toujours enchevêtré d'une belle tapisserie. Les problèmes que soulèvent la traduction d'un texte ne sont pas, en effet, seulement linguistiques et littéraires, mais herméneutiques, en particulier quand il s'agit d'une Ecriture « sacrée ». Toutefois, Jérôme reste aujourd'hui encore, précisément dans ce sens, un emblème de mérite et de méthode, avec sa rigueur et sa liberté, avec sa connaissance et sa créativité.

* * *

Mais le Pape, dépassant les questions strictement critiques et presque en musique de fond de tout le texte, oriente la communauté ecclésiale, en cette célébration pluricentenaire, à recueillir l'héritage substantiel de saint Jérôme, c'est-à-dire l'amour fait d'étude et d'adhésion vitale à la Parole de Dieu. Il s'agit d'un thème constamment exalté par le Magistère ecclésial. En particulier, apparaissent les attestations du Concile Vatican II avec *Dei Verbum*, l'exhortation apostolique *Verbum Domini* que Benoît XVI a publiée précisément le jour de la mémoire du saint, le 30 septembre 2010, *Evangelii Gaudium* et *Aperuit illis* du Pape François lui-même, et l'on ne peut pas non plus oublier qu'en parallèle du XVe centenaire de la mort de Jérôme, en 1920, Benoît XV promulgua l'encyclique *Spiritus Paraclitus*. En effet, « le trait particulier de la figure spirituelle de saint Jérôme demeure certainement son amour passionné pour la Parole de Dieu transmise à l'Église dans la Sainte Écriture ».

D'autres caractéristiques ressortent des pages de la Lettre apostolique. En particulier son engagement théorique et pratique pour la vie monastique, ainsi que son vif amour pour la Vierge Mère qui « méditait dans son cœur » (*Luc* 2,19.51) « parce qu'elle était sainte et avait lu les Saintes Écritures, elle connaissait les prophètes et se rappelait ce que l'ange Gabriel lui avait annoncé et ce qui avait été prédit par les prophètes ». Un trait généralement moins souligné et que le Pape François développe en revanche est celui du lien du saint avec la Chaire de Pierre. En outre, dans ce Père de l'Eglise domine cet axe christologique qui guidera non seulement sa foi mais également son exégèse. On applique en effet à sa figure ce qu'il écrivait lui-même à propos de son ami Népotien: « Avec la lecture assidue et la méditation constante, il avait fait de son cœur une bibliothèque du Christ ».

Ce préambule – consacré à un texte vraiment lumineux comme le sont ces pages consacrées par le Pape François à un Père de l'Eglise au tempérament ardent et même provocateur, mais également à la foi limpide et chaleureuse comme l'a été saint Jérôme – pourrait facilement avoir un sceau dans le même document pontifical.

La synthèse finale, en effet, est à chercher dans l'appel qui conclut la Lettre. Reprenant l'image qui vient d'être proposée de la « bibliothèque du Christ », le Pape nous rappelle que celle de Jérôme est une bibliothèque vivante qui « continue à nous enseigner ce que signifie l'amour du Christ, un amour indissociable de la rencontre avec sa Parole. C'est pourquoi le centenaire actuel est un appel à aimer ce que Jérôme a aimé, en redécouvrant ses écrits et en se laissant toucher par l'impact d'une spiritualité qui peut être décrite, dans son noyau le plus vital, comme le désir inquiet et passionné d'une connaissance plus grande du Dieu de la Révélation. Comment ne pas entendre, aujourd'hui, ce à quoi Jérôme incitait incessamment ses contemporains : "Lis souvent les Divines Écritures ; ou plutôt, que tes mains ne déposent jamais le livre saint" ».

Cardinal GIANFRANCO RAVASI

FRANÇOIS

Lettre Apostolique

Scripturae Sacrae affectus

à l'occasion du XVIème centenaire de la mort de Saint Jérôme

UNE AFFECTION POUR LA SAINTE ÉCRITURE, un amour suave et ardent pour la Parole de Dieu écrite, c'est l'héritage que saint Jérôme a laissé à l'Église à travers sa vie et ses œuvres. Les expressions tirées de la mémoire liturgique du saint[1] nous offrent une clé de lecture indispensable pour connaître, en ce XVIème centenaire de sa mort, sa figure imposante dans l'histoire de l'Église et son grand amour pour le Christ. Cet amour se subdivise comme un fleuve en de nombreux petits ruisseaux dans son œuvre d'infatigable chercheur, traducteur, exégète, profond connaisseur et vulgarisateur passionné de la Sainte Écriture ; d'interprète raffiné des textes bibliques ; d'ardent et parfois impétueux défenseur de la vérité

---

[1] « Deus qui beato Hieronymo presbitero suavem et vivum Scripturae sacrae affectum tribuisti, da, ut populus tuus verbo tuo uberius alatur et in eo fontem vitae inveniet », Collecta Missae Sancti Hieronymi, *Missale Romanum*, editio typica tertia, Civitas Vaticana 2002.

chrétienne ; d'ermite ascétique intransigeant et de guide spirituel expérimenté, dans sa générosité et dans sa tendresse. Aujourd'hui, mille six cents ans après, sa figure demeure d'une grande actualité pour nous chrétiens du XXIème siècle.

Introduction

Le 30 septembre de l'année 420, Jérôme achevait son parcours terrestre à Bethléem, dans la Communauté qu'il avait fondée près de la grotte de la Nativité. Il se confiait ainsi à ce Seigneur qu'il avait toujours cherché et connu dans l'Écriture, le même qu'il avait déjà rencontré, souffrant de fièvre, comme Juge, dans une vision, peut être pendant le Carême 375. Lors de cet évènement qui marque un tournant décisif dans sa vie, un moment de conversion et de changement de perspectives, il se sent traîné en présence du Juge : « Interrogé à propos de ma condition, j'ai répondu que j'étais chrétien. Mais celui qui siégeait ajouta "Tu mens ! tu es cicéronien, non pas chrétien" ».[2] En effet, Jérôme avait aimé dès son plus jeune âge la limpide beauté des textes classiques latins, en comparaison desquels les écrits de la Bible lui paraissaient, ini-

[2] *Epistula* (*Ep. dans la suite*) 22, 30 : *CSEL* 54, p. 190.

tialement, bruts et incorrects, trop rudes pour son goût littéraire raffiné.

Cet épisode de sa vie favorise sa décision de se dédier entièrement au Christ et à sa Parole, en consacrant son existence à rendre toujours plus accessibles aux autres les lettres divines, par son infatigable travail de traducteur et de commentateur. Cet évènement imprime à sa vie une nouvelle et plus décisive orientation : devenir serviteur de la Parole de Dieu, comme amoureux de la « chair de l'Écriture ». Ainsi, dans la recherche continue qui caractérise sa vie, il met en valeur ses études de jeunesse et la formation reçue à Rome, en réorganisant son savoir au service plus mature de Dieu et de la communauté ecclésiale.

C'est pourquoi saint Jérôme entre de plein droit parmi les grandes figures de l'Église antique, dans la période qui est définie comme le siècle d'or de la Patristique, un véritable pont entre Orient et Occident : il est un ami de jeunesse de Rufin d'Aquilée, il rencontre Ambroise et entretient une abondante correspondance avec Augustin. En Orient, il connaît Grégoire de Nazianze, Didyme l'Aveugle, Epiphane de Salamine. La tradition iconographique chrétienne le consacre en le représentant avec Augustin, Ambroise et Grégoire le Grand, parmi les quatre grands docteurs de l'Église d'Occident.

Mes prédécesseurs ont déjà voulu rappeler sa figure en diverses circonstances. Il y a un siècle, à l'occasion du quinzième centenaire de sa mort, Benoît XV lui a dédié la Lettre encyclique *Spiritus Paraclitus* (15 septembre 1920), en le présentant au monde comme « *doctor maximus explanandis Scripturis* ».[3] Plus récemment, Benoît XVI a présenté dans deux catéchèses successives sa personnalité et ses œuvres.[4] À présent, pour le seizième centenaire de sa mort, je désire moi aussi rappeler saint Jérôme et proposer à nouveau l'actualité de son message et de ses enseignements, à partir de sa grande affection pour les Écritures.

En ce sens, il peut être mis en parfaite relation, comme guide sûr et témoin privilégié, avec la 12ème Assemblée du Synode des Evêques consacrée à la Parole de Dieu,[5] et avec l'Exhortation Apostolique *Verbum Domini* (*VD*) de mon prédécesseur Benoît XVI, publiée justement en la fête du Saint, le 30 septembre 2010.[6]

---

[3] *AAS* 12 (1920), pp. 385-423.

[4] Cf. Audiences Générales des 7 et 14 novembre 2007 : *Insegnamenti*, III, 2 (2007), pp. 553-556 ; 586-591.

[5] Synode des Evêques, *Message au Peuple de Dieu de la 12ème assemblée générale ordinaire* (24 octobre 2008).

[6] Cf. *AAS* 102 (2010), pp. 681-787.

La vie et l'itinéraire personnel de saint Jérôme se consument le long des routes de l'empire romain, entre l'Europe et l'Orient. Né autour des années 345 à Stridon, aux confins de la Dalmatie et de la Pannonie, dans le territoire actuel de la Croatie ou de la Slovénie, il reçoit une solide éducation dans une famille chrétienne. Selon l'usage de l'époque, il est baptisé à l'âge adulte dans les années où il est étudiant en rhétorique à Rome, entre l'an 358 et l'an 364. Il devient pendant cette période romaine un insatiable lecteur des textes classiques latins qu'il étudie sous la conduite des plus illustres maîtres en rhétorique du temps.

Ses études terminées, il entreprend un long voyage en Gaule qui le conduit dans la cité impériale de Trèves, aujourd'hui en Allemagne. C'est là qu'il entre en contact, pour la première fois, avec l'expérience monastique orientale diffusée par saint Athanase. Il mûrit ainsi un désir profond qui l'accompagne à Aquilée où il initie, avec des amis, « un chœur de bienheureux »,[7] une période de vie commune.

Vers l'an 374, passant par Antioche, il décide de se retirer dans le désert de Chalsis pour mener

[7] *Chronicum* 374 : PL 27, 697-698.

une vie ascétique plus radicale dans laquelle une grande place est réservée à l'étude des langues bibliques, d'abord le grec et ensuite l'hébreu. Il se confie à un frère, juif devenu chrétien, qui l'introduit dans la connaissance nouvelle de la langue hébraïque et des sons qu'il trouve « stridents et aspirés ».[8]

Le désert, et la vie érémitique qui en résulte, est choisi et vécu par Jérôme dans son sens le plus profond : le lieu des choix existentiels fondamentaux, d'intimité et de rencontre avec Dieu, où, dans la contemplation, les épreuves intérieures, le combat spirituel, il arrive à la connaissance de la fragilité avec une conscience plus grande de ses limites et de celles d'autrui, et en reconnaissant l'importance des larmes.[9] Il sent ainsi dans le désert la présence concrète de Dieu, la relation nécessaire de l'être humain avec lui, sa consolation miséricordieuse. J'aime rappeler à ce propos une anecdote de tradition apocryphe. Jérôme demande au Seigneur « Que veux-tu de moi ? ». Et il répond : « Tu ne m'as pas encore tout donné ». « Mais Seigneur, moi je t'ai donné ceci, ceci et ceci… » – « Il manque une chose » – « Quoi ? »

---

[8] *Ep.* 125, 12 : *CSEL* 56, p. 131.
[9] Cf. *Ep.* 122, 3 : *CSEL* 56, p. 63.

– « Donne-moi tes péchés pour que je puisse avoir la joie de les pardonner encore ».[10]

Nous le retrouvons à Antioche où il est ordonné prêtre par l'évêque Paulin, puis à Constantinople, vers l'an 379, où il fait connaissance de Grégoire de Nazianze et où il poursuit ses études, s'adonne à la traduction en latin d'importantes œuvres grecques (les homélies d'Origène et la Chronique d'Eusèbe), respirant le climat du Concile célébré dans cette ville en 381. Durant ces années, c'est à travers l'étude que sa passion et sa générosité se révèlent. Une inquiétude sacrée le guide et le rend infatigable et passionné dans la recherche : « Parfois je désespérais, plusieurs fois j'ai abandonné ; mais ensuite je reprenais grâce à la décision obstinée d'apprendre », conduit, par « la semence amère » de ces études, à en recueillir « des fruits savoureux ».[11]

Jérôme revient à Rome en 382 et se met à la disposition du Pape Damase qui, appréciant ses grandes qualités, en fait un proche collaborateur. Là, Jérôme s'engage dans une incessante activité sans oublier la dimension spirituelle : sur l'Aven-

---

[10] Cf. *Méditation matinale*, 10 décembre 2015. L'anecdote est rapportée dans A. LOUF, *Sotto la guida dello Spirito*, Qiqaion, Magnano (BI) 1990, pp. 154-155.
[11] Cf. *Ep.* 125, 12 : *CSEL* 56, p. 131.

tin, grâce au soutien de femmes de l'aristocratie romaine désireuses de choix évangéliques radicaux, comme Marcella, Paula et sa fille Eustochia, il crée un cénacle fondé sur la lecture et l'étude rigoureuse de l'Écriture. Jérôme est exégète, enseignant et guide spirituel. Il entreprend en même temps une révision des précédentes traductions latines des Évangiles, peut être aussi d'autres parties du Nouveau Testament ; il continue son travail de traducteur des homélies et des commentaires scripturaires d'Origène, déploie une activité épistolaire frénétique, se confronte publiquement avec des auteurs hérétiques, quelquefois avec excès et intempérance mais toujours guidé sincèrement par le désir de défendre la vraie foi et le dépôt des Écritures.

Cette intense et fructueuse période est interrompue par la mort du Pape Damase. Il se voit contraint de laisser Rome et, suivi par des amis et quelques femmes désireuses de continuer l'expérience spirituelle de l'étude biblique commencée, il part pour l'Égypte – où il rencontre le grand théologien Didyme l'Aveugle – et la Palestine, pour s'établir définitivement à Bethléem en 386. Il reprend ses études philologiques, ancrées aux lieux physiques qui ont été le cadre de ces récits.

L'importance donnée au lieux saints est mise en évidence non seulement par son choix de vivre en Palestine, de 386 jusqu'à sa mort, mais aussi par son service des pèlerinages. À Bethléem justement, lieu pour lui privilégié, il fonde près de la grotte de la Nativité deux monastères "jumeaux", l'un masculin et l'autre féminin, avec des hospices pour l'accueil des pèlerins qui arrivent *ad loca sancta*, révélant sa générosité à accueillir ceux qui viennent dans cette terre pour voir et toucher les lieux de l'histoire du salut, unissant ainsi la recherche culturelle à la recherche spirituelle.[12]

C'est dans la Sainte Écriture que, en se mettant à l'écoute, Jérôme se trouve lui-même, trouve le visage de Dieu et celui des frères, et qu'il affine sa prédilection pour la vie communautaire. D'où son désir de vivre avec des amis, comme déjà au temps d'Aquilée, et de fonder des communautés monastiques, poursuivant l'idéal cénobitique de vie religieuse qui voit le monastère comme un "gymnase" dans lequel il faut former les personnes « qui se considèrent comme inférieures à tous afin d'être les premières parmi tous », heureuses dans la pauvreté et capables d'enseigner par leur style de vie. En effet, il estime formateur le fait de vivre « sous la direction d'un unique supérieur et en compagnie de plusieurs » pour apprendre l'humi-

---

¹² Cf. *VD*, n. 89 : *AAS* 102 (2010), pp. 761-762.

lité, la patience, le silence et la mansuétude, dans la conscience que la « vérité n'aime pas les angles obscurs, et ne cherche pas les chuchoteurs ».[13] Il confesse également « soupirer après les cellules du monastère, [...] désirer mener, à l'exemple de la sollicitude de ces fourmis, une vie où l'on travaille en commun, où nul ne possède rien en propre mais où tout est à tous ».[14]

Jérôme n'a pas cherché dans l'étude un plaisir éphémère pour lui-même, mais un exercice de vie spirituelle, un moyen pour arriver à Dieu. Il a de même réorganisé sa formation classique pour un service plus mûr de la communauté ecclésiale. Pensons à l'aide qu'il a donnée au Pape Damase, à l'enseignement qu'il a consacré aux femmes, en particulier l'hébreu, depuis le premier cénacle sur l'Aventin, au point de faire entrer Paula et Eustochia « dans les combats des traducteurs »[15] et, chose sans précédent en ce temps, leur permettant de pouvoir lire et chanter les Psaumes dans la langue d'origine.[16]

[13] *Ep.* 125, 9.15.19 : *CSEL* 56, pp. 128.133-134.139.

[14] *Vita Malchi monachi captivi*, 7, 3 : *PL* 23, 59-60 ; in *Trois vies de moines* (Paul, Malchus, Hilarion). Sources Chrétiennes 508, p. 203.

[15] *Praef. Esther* 2 : *PL* 28, 1505.

[16] Cf. *Ep.* 108, 26 : *CSEL* 55, pp. 344-345.

Une culture, la sienne, est mise au service et réaffirmée comme nécessaire à tout évangélisateur. Il rappelle ainsi à son ami Népotien : « La parole du prêtre doit prendre sa saveur grâce à la lecture des Écritures. Je ne veux pas que tu sois un déclamateur ou un charlatan par beaucoup de paroles, mais quelqu'un qui comprend la sainte doctrine (*mysterii*) et qui connaît parfaitement les enseignements (*sacramentorum*) de ton Dieu. C'est typique des ignorants de retourner les paroles et de s'accaparer l'admiration du peuple inexpérimenté en parlant rapidement. Celui qui est sans pudeur explique souvent ce qu'il ne connaît pas et prétend être un grand expert seulement parce qu'il réussit à persuader les autres ».[17]

Jusqu'à sa mort, en 420, Jérôme vit à Bethléem la période la plus féconde et la plus intense, complètement consacrée à l'étude de l'Écriture, occupé par l'œuvre monumentale de traduction de tout l'Ancien Testament à partir de l'original hébreu. En même temps, il commente les livres prophétiques, les psaumes, les œuvres pauliniennes, il rédige des aides pour l'étude de la Bible. Le précieux travail qui a conflué dans ses œuvres est le fruit de confrontations et de colla-

[17] *Ep.* 52, 8 : *CSEL* 54, pp. 428-429 ; cf *VD*, n. 60 : *AAS* 102 (2010), p. 739.

borations, en partant de la transcription et de la collection des manuscrits jusqu'à la réflexion et la discussion : « Je n'ai jamais fait confiance à mes propres forces pour étudier les volumes divins, […] j'ai l'habitude de poser des questions, même concernant ce que je croyais savoir, à plus forte raison sur ce dont je n'étais pas sûr ».[18] C'est pourquoi, conscient de ses limites, il demande un soutien continuel dans la prière d'intercession pour la réussite de sa traduction des textes sacrés « dans le même Esprit où ils furent écrits ».[19] Il n'oublie pas de traduire aussi des œuvres d'auteurs indispensables pour le travail exégétique, comme Origène, de façon à « mettre ce matériel à disposition de qui veut approfondir les études scientifiques ».[20]

L'étude de Jérôme est considérée comme un effort accompli au sein de la communauté et au service de la communauté, un modèle de synodalité aussi pour nous, pour notre temps et pour les diverses institutions culturelles de l'Église, afin qu'elles soient toujours « un lieu où le savoir devient service, parce que sans un savoir qui naît de la collaboration et qui aboutit à la coopération, il n'y

---

[18] *Praef. Paralipomenon LXX*, 1.10-15 : *Sources chrétiennes*, 592, p. 340.

[19] *Praef. in Pentateuchum* : *PL* 28, 184.

[20] *Ep.* 80, 3 : *CSEL* 55, p. 105.

a pas de développement véritablement et intégralement humain ».[21] Le fondement de cette communion est l'Écriture que nous ne pouvons pas lire seuls : « La Bible a été écrite par le Peuple de Dieu et pour le Peuple de Dieu, sous l'inspiration de l'Esprit Saint. C'est seulement dans cette communion avec le Peuple de Dieu, dans ce "nous" que nous pouvons réellement entrer dans le cœur de la vérité que Dieu lui-même veut nous dire ».[22]

La robuste expérience de vie nourrie de la Parole de Dieu a fait que Jérôme est devenu un guide spirituel à travers une abondante correspondance épistolaire. Il se fait compagnon de voyage, convaincu qu'« il n'y a pas d'art qui s'apprend sans un maître ». Comme il l'écrit à Rustique : « Cela je désire te le faire comprendre en te prenant par la main, comme si j'étais un marin qui, ayant fait l'expérience de nombreux naufrages, tente d'instruire un navigateur inexpérimenté ».[23] De ce coin pacifique du monde, il suit l'humanité à une époque de grands bouleversements, marquée par

---

[21] *Message à l'occasion de la 24*ème *séance solennelle publique des Académies Pontificales*, 4 décembre 2019 : *L'Osservatore Romano*, 6 décembre 2019, p. 8.

[22] *VD*, n. 30 : *AAS* 102 (2010), p. 709.

[23] *Ep.* 125, 15.2 : *CSEL* 56, pp. 133.120.

des événements comme le sac de Rome de 410 qui l'a profondément affecté.

Il confie aux Lettres les polémiques doctrinales, toujours pour la défense de la vraie foi, se révélant homme de relations vécues avec force et douceur, avec un plein engagement, sans formes édulcorées, et faisant l'expérience que « l'amour n'a pas de prix ».[24] Il vit ainsi ses affections avec fougue et sincérité. Cette implication dans les situations dans lesquelles il vit et œuvre s'observe aussi dans le fait qu'il offre son travail de traduction et de commentaire comme *munus amicitiæ*. C'est un don qu'il fait avant tout aux amis destinataires et dédicataires de ses œuvres, amis auxquels il demande de les lire avec un œil amical plutôt que critique, et aussi aux lecteurs, ses contemporains et ceux de tous les temps.[25]

Il achève les dernières années de sa vie dans la lecture orante personnelle et communautaire de l'Écriture, dans la contemplation, dans le service des frères à travers ses œuvres. Tout cela à Bethléem, près de la grotte où le Verbe fut enfanté par la Vierge, conscient qu'est « heureux celui qui porte dans son intimité la croix, la résurrection, le lieu de la naissance et de l'ascen-

---

[24] *Ep.* 3, 6 : CSEL 54, p. 18.
[25] Cf. *Praef. Josue*, 1, 9-12 : *Sources chrétiennes* 592, p. 316.

sion du Christ ! Heureux celui qui a Bethléem
dans son cœur, cœur dans lequel le Christ naît
chaque jour ! ».[26]

La clé sapientielle de son portrait

Pour une meilleure compréhension de la personnalité de saint Jérôme, il est nécessaire de conju-
guer deux dimensions caractéristiques de son existence de croyant : d'un côté, l'absolue et rigoureuse
consécration à Dieu, avec le renoncement à toute
satisfaction humaine par amour du Christ cruci-
fié (cf. *1Co* 2, 2 ; *Phil* 3, 8.10) ; de l'autre, l'engagement pour l'étude assidue, visant exclusivement
une compréhension toujours plus profonde du
mystère du Seigneur. C'est justement ce double témoignage, admirablement offert par saint Jérôme,
qui est proposé comme modèle : avant tout aux
moines, afin que celui qui vit d'ascèse et de prière
soit invité à se consacrer à l'enfantement assidu de
la recherche et de la pensée ; puis aux chercheurs
qui doivent se rappeler que le savoir est religieu-
sement valide seulement s'il se fonde sur l'amour

---

[26] *Homilia in Psalmum* 95 : *PL* 26, 1181. cf. S. GIROLA-
MO *59 Omelie sui Salmi (1-115),* a cura di A. CAPONE, *Opere
di Gerolamo* IX/1, Città Nuova, Roma 2018, p. 357.

exclusif de Dieu, sur le dépouillement de toute ambition humaine et de toute aspiration mondaine.

Ces dimensions ont été transposées dans le domaine de l'histoire de l'art où la présence de saint Jérôme est fréquente : de grands maîtres de la peinture occidentale nous ont laissé leurs représentations. Nous pourrions organiser les diverses typologies iconographiques suivant deux lignes distinctes. L'une le définit surtout comme moine et pénitent, avec un corps sculpté par le jeûne, retiré dans des zones désertiques, à genoux ou prosterné à terre, dans de nombreux cas serrant une pierre dans la main droite pour se frapper la poitrine, et les yeux tournés vers le crucifix. Dans cette ligne se situe le touchant chef-d'œuvre de Léonard de Vinci conservé à la Pinacothèque Vaticane. Une autre façon de représenter Jérôme est celle qui nous le montre en vêtements de chercheur, assis à son écritoire pour traduire et commenter la Sainte Écriture, entouré de volumes et de parchemins, investi de la mission de défendre la foi à travers la pensée et l'écrit. Albrecht Dürer, pour citer un autre exemple illustre, l'a représenté plus d'une fois dans cette attitude.

Les deux aspects évoqués ci-dessus se retrouvent liés dans la toile du Caravage qui se trouve galerie Borghèse à Rome : dans une scène unique, le vieil ascète est présenté sommairement vêtu d'un tissu rouge, avec un crane sur la table, symbole de la vanité des réalités terrestres ; mais en même temps est aussi puissamment représentée la qualité du chercheur qui tient les yeux fixés sur le livre pendant que sa main trempe la plume dans l'encrier, geste caractéristique de l'écrivain.

De manière analogue – une manière que j'appellerais sapientielle – nous devons comprendre le double profil du parcours biographique de Jérôme. Quand, en vrai "Lion de Bethléem", il exagérait dans les tons, il le faisait pour la recherche d'une vérité dont il était prêt à se faire le serviteur inconditionnel. Et comme il l'explique lui-même dans le premier de ses écrits, *Vie de Saint Paul, ermite de Thèbes*, les lions sont capables d'« énormes rugissements » mais aussi de larmes.[27] Pour ce motif, ces deux physionomies qui apparaissent comme juxtaposées sont en réalité des éléments avec lesquels l'Esprit Saint lui a permis de mûrir son unité intérieure.

Amour pour la Sainte Écriture

Le trait particulier de la figure spirituelle de saint Jérôme demeure certainement son amour

---

[27] Cf. *Vita S. Pauli primi eremitae*, 16, 2 : *PL* 23, 28 ; in *Trois vies de moines,* Sources chrétiennes 508, pp.177-178.

passionné pour la Parole de Dieu transmise à l'Église dans la Sainte Écriture. Si tous les Docteurs de l'Église – et en particulier ceux de la première époque chrétienne – ont puisé explicitement dans la Bible les contenus de leurs enseignements, Jérôme l'a fait de façon plus systématique et, pour certains aspects, unique.

Les exégètes ont découvert ces derniers temps le génie narratif et poétique de la Bible, exaltée à juste titre pour sa qualité expressive. Jérôme souligne au contraire dans l'Écriture le caractère plutôt humble de la révélation de Dieu, exprimée dans la nature rude et presque primitive de la langue hébraïque en comparaison au raffinement du latin cicéronien. Ce n'est donc pas par goût esthétique qu'il se consacre à l'étude de la Sainte Écriture mais seulement – comme on le sait bien – pour qu'elle l'amène à connaître le Christ, parce que l'ignorance des Écritures est ignorance du Christ.[28]

Jérôme nous enseigne qu'il ne faut pas étudier seulement les Évangiles, et ce n'est pas seulement la tradition apostolique présente dans les Actes des Apôtres et dans les Lettres qui doit être commentée. En effet, l'Ancien Testament est tout

---

[28] Cf. *In Isaiam Prol.* : *PL* 24, 17. S. GIROLAMO, *Commento a Isaia (1-4)*, a cura di R. Maisano, *Opere di Girolamo* IV/1, Città Nuova, Roma 2013, pp. 52-53.

entier indispensable pour pénétrer dans la vérité et dans la richesse du Christ.[29] Les pages évangéliques elles-mêmes l'attestent : elles nous parlent de Jésus comme d'un Maître qui, pour expliquer son mystère, recourt à Moïse, aux Prophètes et aux Psaumes (cf. *Lc* 4, 16-21 ; 24, 27.44-47). La prédication de Pierre et de Paul, dans les Actes des Apôtres, s'enracine aussi de façon emblématique dans les anciennes Écritures. Sans elles la figure du Fils de Dieu, le Messie Sauveur, ne peut pas être pleinement comprise. L'Ancien Testament ne doit pas être considéré comme un vaste répertoire de citations qui démontrent l'accomplissement des prophéties en la personne de Jésus de Nazareth. Plus radicalement, c'est seulement à la lumière des "figures" vétérotestamentaires qu'il est possible de connaître en plénitude le sens de l'évènement du Christ qui s'est accompli dans sa mort et dans sa résurrection. D'où la nécessité de redécouvrir, dans la pratique catéchétique et dans la prédication tout comme dans les traités théologiques, l'apport indispensable de l'Ancien Testament qui doit être lu et assimilé comme une précieuse nourriture (cf. *Ez* 3, 1-11 ; *Ap* 10, 8-11).[30]

[29] Cf. CONC. ŒCUM. VAT. II, Cons t. dogm. *Dei Verbum*, n. 14.

[30] Cf. *ibid.*.

Le dévouement total de Jérôme à l'Écriture se manifeste sous une forme expressive passionnée, semblable à celle des anciens prophètes. C'est chez eux que notre Docteur puise le feu intérieur qui devient un verbe impétueux et explosif (cf. *Jr* 5, 14 ; 20, 9 ; 23, 29 ; *Ml* 3, 2 ; *Sir* 48, 1 ; *Mt* 3, 11 ; *Lc* 12, 49), nécessaire pour exprimer le zèle ardent du serviteur pour la cause de Dieu. Dans le sillage d'Élie, de Jean Baptiste et de l'apôtre Paul, l'indignation envers le mensonge, l'hypocrisie et les fausses doctrines enflamme le discours de Jérôme, le rendant provocateur et rude en apparence. La dimension polémique de ses écrits se comprend mieux s'ils sont lus comme une sorte de moulage et d'actualisation de la plus authentique tradition prophétique. Jérôme est donc un modèle de témoignage inflexible de la vérité, qui assume la sévérité du reproche pour mener à la conversion. Par l'intensité des locutions et des images, le courage du serviteur se manifeste qui ne veut pas plaire aux hommes mais exclusivement à son Seigneur (*Ga* 1, 10) pour lequel il a consumé toute son énergie spirituelle.

L'étude de la Sainte Écriture

L'amour passionné de saint Jérôme pour les divines Écritures est empreint d'obéissance. Obéissance avant tout envers Dieu qui s'est communiqué par des paroles qui exigent une écoute respectueuse,[31] et, en conséquence, obéissance envers ceux qui représentent dans l'Église la tradition vivante interprétative du message révélé. « L'obéissance de la foi » (*Rm* 1, 5 ; 16, 26) toutefois n'est pas une simple réception passive de ce qui est connu. Elle exige au contraire l'engagement actif de la recherche personnelle. On peut considérer saint Jérôme comme un "serviteur" de la Parole, fidèle et laborieux, consacré entièrement à favoriser chez ses frères dans la foi une compréhension plus adéquate du "dépôt" sacré qui leur est confié (cf. *1Tm* 6, 20 ; *2Tm* 1, 14). Sans l'intelligence de ce qui a été écrit par les auteurs inspirés, la parole de Dieu elle-même est privée d'efficacité (cf. *Mt* 13, 19) et l'amour pour Dieu ne peut en résulter.

Aujourd'hui, les pages bibliques ne sont pas toujours immédiatement accessibles. Comme il est dit dans Isaïe (29, 11), même pour ceux qui savent "lire" – c'est-à-dire qui ont eu une formation intellectuelle suffisante – le livre sacré apparaît "scellé", fermé hermétiquement à l'interprétation. C'est pourquoi il est nécessaire qu'intervienne un témoin compétent qui apporte la clé libératrice, celle du Christ Seigneur, le seul capable de bri-

---

[31] Cf. *ibid.*, n. 7.

ser les sceaux et d'ouvrir le livre (cf. *Ap* 5, 1-10)
afin de révéler la prodigieuse effusion de la grâce
(cf. *Lc* 4, 17-21). Nombreux – même parmi les
chrétiens pratiquants – sont ceux qui déclarent
ouvertement ne pas être capables de lire (cf. *Is*
29, 12), non par analphabétisme mais parce qu'ils
ne sont pas préparés au langage biblique, à ses
modes d'expression et aux traditions culturelles
antiques. C'est pourquoi le texte biblique s'avère
indéchiffrable, comme s'il avait été écrit dans un
alphabet inconnu et dans une langue obscure.

La médiation de l'interprète s'avère donc nécessaire, qui exerce sa fonction "diaconale" en se
mettant au service de celui qui ne réussit pas à
comprendre le sens de ce qui a été écrit prophéti-
quement. À ce propos, l'image qui peut être évoquée est celle du diacre Philippe, suscité par le Seigneur pour aller à la rencontre de l'eunuque qui, sur
son char, est en train de lire un passage d'Isaïe (53,
7-8) mais sans pouvoir en percer le sens. « Com-
prends-tu donc ce que tu lis ? », demande Philippe;
et l'eunuque répond : « Et comment le pourrais-je,
si personne ne me guide? » (*Ac* 8, 30-31).[32]

Jérôme est notre guide tant parce que, comme
l'a fait Philippe (cf. *Ac* 8, 35), il conduit chaque lec-

---

[32] Cf. S. Girolamo, *Ep.* 53, 5 : *CSEL* 54, 451 : *Le Lettere*, a
cura di S. Cola, II, Città Nuova, Roma 1997, p. 54.

teur au mystère de Jésus, que parce qu'il assume de façon responsable et systématique les méditations exégétiques et culturelles nécessaires pour une lecture correcte et fructueuse des Saintes Écritures.[33] Il a utilisé de manière concordante et sage toutes les ressources méthodologiques qui étaient disponibles à son époque historique pour orienter vers une juste compréhension de l'Écriture inspirée : la compétence dans les langues dans lesquelles la Parole de Dieu a été transmise, l'analyse soignée et l'évaluation des manuscrits, la recherche archéologique ponctuelle, en plus de la connaissance de l'histoire de l'interprétation.

Une telle dimension exemplaire de l'activité de saint Jérôme est plus que jamais importante, même dans l'Église d'aujourd'hui. Si, comme nous l'enseigne *Dei Verbum*, la Bible constitue pour « la théologie sacrée comme son âme »[34] et comme le nerf spirituel de la pratique religieuse chrétienne,[35] alors il est indispensable que l'action interprétative de la Bible soit soutenue par des compétences spécifiques.

---

[33] Cf. Conc. Œcum. Vat. II, Const. Dogm. *Dei Verbum*, n. 12.

[34] *Ibid.*, n. 24.

[35] Cf. *Ibid.*, n. 25.

À cette fin, les centres d'excellence de recherche biblique (comme l'Institut Pontifical Biblique de Rome, et, à Jérusalem, l'École Biblique et le Studium Biblicum Franciscanum) et patristique (comme l'Agostinianum de Rome) sont certainement utiles, mais chaque faculté de théologie doit aussi s'engager afin que l'enseignement de la Sainte Écriture soit programmé de manière à assurer aux étudiants une capacité interprétative compétente, soit dans l'exégèse des textes, soit dans les synthèses de théologie biblique. La richesse de l'Écriture est malheureusement ignorée ou minimisée par beaucoup, parce que les bases essentielles de connaissance ne leur ont pas été fournies. À côté d'un développement des études ecclésiastiques destinées aux prêtres et aux catéchistes qui valorisent de manière plus adéquate la compétence dans les Saintes Écritures, il faut donc promouvoir une formation étendue à tous les chrétiens, pour que chacun devienne capable d'ouvrir le livre sacré et d'en tirer les fruits inestimables de sagesse, d'espérance et de vie.[36]

Je voudrais rappeler ici ce qui a été dit par mon prédécesseur dans l'Exhortation apostolique *Verbum Domini* : « La sacramentalité de la Parole se comprend alors par analogie à la présence réelle du

---

[36] Cf. *ibid.*, n. 21.

Christ sous les espèces du pain et du vin consacrés
[…] Sur l'attitude à avoir aussi bien envers l'Eucharistie qu'envers la Parole de Dieu, saint Jérôme af-
firme : "Nous lisons les Saintes Écritures. Je pense
que l'Évangile est le Corps du Christ ; je pense
que les Saintes Écritures sont son enseignement.
Et quand il dit : *si vous ne mangez pas la chair du Fils
de l'homme, et si vous ne buvez pas son sang (Jn 6, 53)*,
ses paroles se réfèrent au Mystère [eucharistique],
toutefois, le corps du Christ et son sang sont vraiment la Parole de l'Écriture, c'est l'enseignement
de Dieu" ».[37]

Malheureusement, dans de nombreuses familles chrétiennes, personne ne se sent en me-
sure – comme c'est au contraire prescrit dans la
Torah (cf. *Dt* 6, 6) – de faire connaître la Parole
de Dieu aux enfants dans toute sa beauté, avec
toute sa force spirituelle. C'est pourquoi j'ai voulu instituer le Dimanche de la Parole de Dieu,[38]
en encourageant la lecture orante de la Bible et la
familiarité avec la Parole de Dieu.[39] Toute autre

---

[37] N. 56 ; cf. *In Psalmum* 147 : *CCL* 78, 337-338. Cf. S.
Girolamo, *59 Omelie sui Salmi (119-149)*, a cura di A. Capone, *Opere di Girolamo* IX/2, Citta Nuova, Roma 2018, p. 171.

[38] Cf. Lett. ap. en forme de Motu Proprio *Aperuit illis*,
30 septembre 2019.

[39] Cf. Exhort. ap. *Evangelii gaudium*, nn.152.175 : *AAS*
105 (2013), pp. 1083-1084.1093.

manifestation de religiosité sera ainsi enrichie de sens, sera guidée dans la hiérarchie des valeurs et sera orientée vers ce qui constitue le sommet de la foi : la pleine adhésion au mystère du Christ.

La Vulgate

Le « fruit le plus doux des semailles difficiles »[40] de l'étude du grec et de l'hébreu effectuée par Jérôme est la traduction de l'Ancien Testament en latin à partir de l'original hébreu. Jusque-là, les chrétiens de l'empire romain pouvaient lire intégralement la Bible seulement en grec. Les livres du Nouveau Testament avaient été écrits en grec, et il existait une version complète de l'Ancien Testament, appelée *Septuaginta* (autrement dit, la version des 70) faite par la communauté hébraïque d'Alexandrie autour du IIème siècle avant J.C. Par contre, pour les lecteurs de langue latine, il n'y avait pas de version complète de la Bible dans cette langue, mais seulement quelques traductions, partielles ou incomplètes, à partir du grec. Il revient le mérite à Jérôme, et après lui à ses continuateurs, d'avoir entrepris une révision et une nouvelle traduction de toute l'Écriture. Ayant initié à Rome la révision des Évangiles et

[40] Cf. *Ep.* 52,3 : *CSEL* 54, p. 417.

des Psaumes, avec l'encouragement du Pape Damase, Jérôme commença dans sa retraite de Bethléem la traduction de tous les livres vétérotestamentaires, directement à partir de l'hébreu : une œuvre poursuivie durant des années.

Pour mener à bien ce travail de traduction, Jérôme mit à profit sa connaissance du grec et de l'hébreu ainsi que sa solide formation latine, et il se servit des instruments philologiques qu'il avait à disposition, en particulier les *Hexapla* d'Origène. Le texte final conjuguait la continuité dans les formules, désormais entrées dans l'usage commun, avec une fidélité plus grande à la dictée hébraïque, sans sacrifier l'élégance de la langue latine. Le résultat est un vrai monument qui a marqué l'histoire culturelle de l'Occident en en modelant le langage théologique. La traduction de Jérôme, certains refus initiaux ayant été dépassés, est immédiatement devenue un patrimoine commun aussi bien des savants que du peuple chrétien, d'où le nom de *Vulgate*.[41] L'Europe du Moyen Age a appris à lire, à prier et à raisonner sur les pages de la Bible traduite par Jérôme. « La Sainte Écriture est devenue ainsi une sorte d'"immense vocabulaire" (P. Claudel) et d'"atlas iconographique"(M. Chagall), où la culture

---

[41] Cf. *VD*, n. 72 : *AAS* 102 (2010), pp. 746-747.

et l'art chrétien ont puisé ».[42] La littérature, les arts, et aussi le langage populaire ont puisé constamment dans la version de la Bible de Jérôme en nous laissant des trésors de beauté et de dévotion.

C'est par rapport à ce fait incontestable que le Concile de Trente a établi le caractère "authentique" de la Vulgate dans le décret *Insuper* en rendant hommage à l'usage séculaire que l'Église en avait fait et en en attestant la valeur comme instrument pour l'étude, la prédication et les discussions publiques.[43] Toutefois, il ne cherchait pas à minimiser l'importance des langues originales, comme Jérôme ne cessait de le rappeler, ni encore moins à interdire à l'avenir de nouvelles entreprises de traduction intégrale. Saint Paul VI, en recueillant le mandat des Pères du Concile Vatican II, a voulu que le travail de révision de la traduction de la Vulgate soit mené à terme et mis à la disposition de toute l'Église. C'est ainsi que saint Jean-Paul II, dans la Constitution apostolique *Scripturarum thesaurus*,[44] a promulgué l'édition typique appelée *Neovulgate* en 1979.

---

[42] S. JEAN PAUL II, *Lettre aux artistes* (4 avril 1999), 5 : *AAS* 91 (1999), pp. 1159-1160.

[43] Cf. DENZINGER-SCHÖNMETZER, *Enchiridion Symbolorum*, n. 1506.

[44] 25 avril 1979 : *AAS* 71 (1979), pp. 557-559.

Avec sa traduction, Jérôme a réussi à "inculturer" la Bible dans la langue et dans la culture latines, et son opération est devenue un paradigme permanent pour l'action missionnaire de l'Église. En effet, « quand une communauté accueille l'annonce du salut, l'Esprit Saint féconde sa culture avec la force transformante de l'Évangile »,[45] et il s'instaure ainsi une sorte de circularité : de même que la traduction de Jérôme est débitrice de la langue et de la culture des classiques latins dont les marques sont bien visibles, elle est devenue à son tour, avec son langage et son contenu symbolique et imagé, un élément créateur de culture.

L'œuvre de traduction de Jérôme nous enseigne que les valeurs et les formes positives de chaque culture représentent un enrichissement pour toute l'Église. Les divers modes selon lesquels la Parole de Dieu est annoncée, comprise et vécue à chaque nouvelle traduction, enrichissent l'Écriture elle-même, puisque, selon la fameuse expression de Grégoire Le Grand, elle grandit avec le lecteur[46] en recevant tout au long des siècles de nouveaux accents et de nouvelles

---

[45] Exhort. ap. *Evangelii gaudium*, n. 116 : *AAS* 105 (2013), p. 1068.

[46] *Hom. In Ezech.* I, 7 : *PL* 76, 843D.

sonorités. L'intégration de la Bible et de l'Évangile dans les diverses cultures fait que l'Église se manifeste de plus en plus comme « l'épouse qui se pare de ses bijoux *(sponsa ornata monilibus suis)* » *(Is* 61, 10). Et elle atteste en même temps que la Bible a besoin d'être constamment traduite dans les catégories linguistiques et mentales de chaque culture et de chaque génération, y compris dans la culture sécularisée globale de notre temps.[47]

Il a été rappelé, à raison, qu'il est possible d'établir une analogie entre la traduction en tant qu'acte d'hospitalité linguistique, et d'autres formes d'accueil.[48] C'est pourquoi la traduction n'est pas un travail qui regarde uniquement le langage, mais qui correspond, en vérité, à une décision éthique plus ample qui se connecte à la vision entière de la vie. Sans traduction, les différentes communautés linguistiques seraient dans l'impossibilité de communiquer entre elles. Nous fermerions les uns aux autres les portes de l'histoire et nous nierions la possibilité de construire une culture de la rencontre.[49] En effet, sans traduction, on ne donne pas hospitalité, au contraire, les

---

[47] Cf. Exhort. ap. *Evangelii gaudium*, n. 116 : *AAS* 105 (2013), p. 1068.

[48] Cf. P. RICŒUR, *Sur la traduction*, Bayard, Paris 2004.

[49] Cf. Exhort. ap. *Evangelii gaudium*, n. 24 : *AAS* 105 (2013), pp. 1029-1030.

pratiques d'hostilité se renforcent. Le traducteur est un constructeur de ponts. Que de jugements inconsidérés, que de condamnations et de conflits naissent du fait que nous ignorons la langue des autres et que nous ne nous appliquons pas, avec une espérance tenace, à cette preuve d'amour sans fin qu'est la traduction !

Jérôme a dû aussi contester la pensée dominante de son temps. Si, à l'aube de l'empire romain connaître le grec était relativement commun, cela était devenu quelque chose de rare, déjà à son époque. Il a pu cependant être un des meilleurs connaisseurs de la langue et de la littérature grecques chrétiennes et il a entrepris un voyage encore plus difficile en solitaire quand il s'est consacré à l'étude de l'hébreu. Si, comme il a été écrit, « les limites de mon langage sont les limites de mon monde »,[50] nous pouvons dire que nous devons au polyglottisme de saint Jérôme une compréhension plus universelle du christianisme et, en même temps, plus cohérente avec ses sources.

Avec la célébration du centenaire de la mort de saint Jérôme, le regard se tourne vers l'extraordinaire vitalité missionnaire exprimée par la traduction de la Parole de Dieu en plus de trois

---

[50] L. WITTGENSTEIN, *Tractus logico-philosophicus*, 5.6.

mille langues. Nombreux sont les missionnaires auxquels on doit la précieuse œuvre de publication de grammaires, de dictionnaires et autres instruments linguistiques qui offrent les fondements à la communication humaine et sont un véhicule pour le « rêve missionnaire d'arriver à tous ».[51] Il est nécessaire de valoriser tout ce travail et d'y investir, en contribuant au dépassement des frontières de l'incommunicabilité et de l'absence de rencontre. Il reste beaucoup à faire. Comme il a été affirmé, il n'existe pas de compréhension sans traduction[52] : nous ne nous comprendrions pas nous-mêmes ni les autres.

Jérôme et la Chaire de Pierre

Jérôme a toujours eu un rapport particulier avec la ville de Rome : Rome est le port spirituel auquel il retourne continuellement. À Rome s'est formé l'humaniste et s'est forgé le chrétien ; il est *homo romanus*. Ce lien se réalise de façon tout à fait particulière par le latin, la langue de l'Urbe, dont il a été maître et amateur. Mais Jérôme est surtout lié à l'Église de Rome et, plus particulièrement, à la

---

[51] Exhort. ap. *Evangelii gaudium*, n. 31 : *AAS* 105 (2013), p. 1033.

[52] Cf. G. STEINER, *After babel. Aspects of language and translation*, Oxford University press, New York 1975.

Chaire de Pierre. La tradition iconographique l'a représenté de façon anachronique avec la pourpre cardinalice pour signaler son appartenance au presbyterium de Rome à côté du Pape Damase. C'est à Rome qu'il a commencé la révision de la traduction. Et quand les jalousies et les incompréhensions l'ont forcé à laisser l'Urbe, il est resté toujours fortement lié à la Chaire de Pierre.

Pour Jérôme, l'Église de Rome est le terrain fécond où la semence du Christ porte du fruit en abondance.[53] Dans une époque mouvementée où la tunique sans couture de l'Église est souvent déchirée par les divisions entre chrétiens, Jérôme regarde la Chaire de Pierre comme un point de référence sûr : « Moi qui ne vais à la suite de personne si ce n'est du Christ, je m'unis en communion à la Chaire de Pierre. Je sais que l'Église est édifiée sur ce roc ». En pleine dispute contre les ariens, il écrit à Damase : « Celui qui ne rassemble pas avec toi, disperse, celui qui n'est pas du Christ, est de l'antéchrist ».[54] C'est pourquoi il peut aussi affirmer : « Celui qui est uni à la Chaire de Pierre, est des miens ».[55]

[53] Cf. *Ep.* 15, 1 : *CSEL* 54, p. 63.
[54] *Ibid.*, 15, 2 : *CSEL* 54, pp. 62-64.
[55] *Ibid.*, 16, 2 : *CSEL* 54, p. 69.

Jérôme s'est souvent vu impliqué dans de violentes disputes pour la cause de la foi. Son amour pour la vérité et l'ardente défense du Christ l'ont peut-être porté à exagérer dans la violence verbale, dans ses lettres et dans ses écrits. Cependant, il a vécu orienté vers la paix : « La paix je la veux moi aussi ; non seulement je la désire mais je l'implore ! Mais j'entends par là la paix du Christ, la paix authentique, une paix sans résidus d'hostilité, une paix qui ne couve pas en soi la guerre ; non pas la paix qui assujettit les adversaires, mais celle qui unit dans l'amitié ! ».[56]

Notre monde a besoin plus que jamais du médicament de la miséricorde et de la communion. Permettez-moi de répéter une fois encore : donnons un témoignage de communion fraternelle qui devienne attrayant et lumineux.[57] « A ceci tous reconnaîtront que vous êtes mes disciples : si vous avez de l'amour les uns pour les autres » (*Jn* 13, 35). C'est ce que Jésus a demandé dans une prière intense au Père : « Qu'ils soient un [...] en nous, afin que le monde croie » (*Jn* 17, 21).

---

[56] *Ibid.*, 82, 2 : *CSEL* 55, p. 109.
[57] Cf. Exhort. ap. *Evangelii gaudium*, n. 99 : *AAS* 105 (2013), p. 1061.

En conclusion de cette lettre, je désire adresser un dernier appel à chacun. Parmi les nombreux éloges postérieurs rendus à saint Jérôme, il y a celui du fait qu'il n'est pas simplement considéré comme un des plus grands amateurs de la "bibliothèque" dont se nourrit le christianisme au fil du temps, à commencer par le trésor des Saintes Écritures. On peut lui appliquer ce que lui-même écrivait de Népotien : « Avec la lecture assidue et la méditation constante, il avait fait de son cœur une bibliothèque du Christ ».[58] Jérôme n'a ménagé aucun effort pour enrichir sa propre bibliothèque dans laquelle il a toujours vu un laboratoire indispensable à l'intelligence de la foi et à la vie spirituelle. En cela, il constitue un exemple admirable pour le présent. Mais il est allé au-delà. Pour lui, l'étude ne s'est pas limitée aux années de jeunesse de la formation, elle a été un engagement constant, une priorité de chaque jour de sa vie. En somme, nous pouvons affirmer qu'il a assimilé une bibliothèque entière et qu'il est devenu un dispensateur du savoir pour beaucoup d'autres. Postumien, qui a voyagé en Orient au IVème siècle à la découverte

---

[58] *Ep.* 60, 10 : *CSEL* 54, p. 561.

des mouvements monastiques, a été un témoin oculaire du style de vie de Jérôme auprès duquel il a séjourné pendant quelques mois, et il l'a décrit ainsi : « Il est tout entier dans la lecture, tout entier dans les livres ; il ne se repose ni de jour ni de nuit ; toujours il lit ou écrit quelque chose ».[59]

À ce propos, je pense souvent à l'expérience qu'un jeune peut faire aujourd'hui en entrant dans une bibliothèque de sa ville, ou sur un site internet, y cherchant le secteur des livres religieux. C'est un secteur qui, lorsqu'il existe, est non seulement marginal dans la plupart des cas mais aussi dépourvu d'œuvres consistantes. En examinant ces rayons, ou ces pages en ligne, un jeune pourra difficilement comprendre comment la recherche religieuse peut être une aventure passionnante qui unit la pensée et le cœur ; comment la soif de Dieu a enflammé de grand esprits tout au long des siècles jusqu'aujourd'hui ; comment la maturation de la vie spirituelle a contaminé des théologiens et des philosophes, des artistes et des poètes, des historiens et des scientifiques. Un des problèmes actuels, et pas seulement de la religion, est l'analphabétisme : le manque de connaissances herméneutiques qui nous rendent interprètes et

---

[59] SULPICIUS SEVERUS, *Dialogus* I, 9,5 : *Sources Chrétiennes* 510, pp. 136-138.

traducteurs crédibles de notre propre tradition culturelle. Je veux lancer spécialement aux jeunes un défi : partez à la recherche de votre héritage. Le christianisme vous rend héritiers d'un patrimoine culturel inégalable dont vous devez prendre possession. Passionnez-vous de cette histoire qui est vôtre. Osez fixer le regard sur Jérôme, ce jeune inquiet qui, comme le personnage de la parabole de Jésus, vend tout ce qu'il possède pour acheter « la perle de grand prix » (*Mt* 13, 46).

Vraiment, Jérôme est la « Bibliothèque du Christ », une bibliothèque pérenne, qui, seize siècles plus tard, continue à nous enseigner ce que signifie l'amour du Christ, un amour indissociable de la rencontre avec sa Parole. C'est pourquoi le centenaire actuel est un appel à aimer ce que Jérôme a aimé, en redécouvrant ses écrits et en se laissant toucher par l'impact d'une spiritualité qui peut être décrite, dans son noyau le plus vital, comme le désir inquiet et passionné d'une connaissance plus grande du Dieu de la Révélation. Comment ne pas entendre, aujourd'hui, ce à quoi Jérôme incitait incessamment ses contemporains : « Lis souvent les Divines Écritures ; ou plutôt, que tes mains ne déposent jamais le livre saint »[60] !

---

[60] *Ep.* 52, 7 : *CSEL* 54, p. 426.

Un exemple lumineux est la Vierge Marie, évoquée par Jérôme surtout dans sa maternité virginale mais aussi dans son attitude de lectrice orante de l'Écriture. Marie méditait dans son cœur (cf. *Lc* 2, 19.51) « parce qu'elle était sainte et avait lu les Saintes Écritures, elle connaissait les prophètes et se rappelait ce que l'ange Gabriel lui avait annoncé et ce qui avait été prédit par les prophètes [...], elle voyait le nouveau-né qui était son enfant, son fils unique qui était couché et pleurait dans cette crèche, mais celui qu'elle voyait vraiment couché était le Fils de Dieu, ce qu'elle voyait elle le comparait avec ce qu'elle avait lu et entendu ».[61] Confions-nous à elle, qui, mieux que tout autre, peut nous enseigner comment lire, méditer, prier et contempler Dieu qui se fait présent dans notre vie sans jamais se lasser.

Donné à Rome, Saint Jean de Latran, le 30 septembre 2020, mémoire de saint Jérôme, en la huitième année de mon pontificat.

Franciscus

---

[61] *Homilia de nativitate Domini* IV : *PL Suppl.* 2, 191.

TABLE DES MATIÈRES

FRANÇOIS

Lettre Apostolique

Scripturae Sacrae affectus

à l'occasion du XVIème centenaire

de la mort de Saint Jérôme

www.ingramcontent.com/pod-product-compliance
Lightning Source LLC
LaVergne TN
LVHW021256200726
843509LV00012B/1683